Comment tout a commencé
How it all started...

Dans mon jardin, il y a un arbre qui a une porte magique...

In my garden, there is a tree that has a magical door...

Elle conduit à Twinkle Farm, une terre enchantée où vit un chaton nommé Bubble.

It leads to Twinkle Farm, an enchanted land where lives a kitten named Bubble.

De derrière la porte magique, Bubble peut me voir...

From behind the magical door, Bubble can see me.

Un jour Bubble est sorti et on est devenu meilleurs amis..

One day Bubble came out and we became best friends.

Bubble a fini par devoir rentrer à Twinkle Farm, mais il ne m'a jamais oubliée. Maintenant il m'écrit un livre tous les mois.

Bubble had to eventually go back to Twinkle Farm, but he never forgot about me. Now he writes me a book every month.

Ses livres sont pleins d'amour et de bons conseils. Lisons-les ensemble!

His books are full of love and good advice. Let's read them together!

Ma chère amie,
Comment vas-tu?
Tout va bien ici, à Twinkle Farm.
Je t'ai regardée par la porte magique...

My dear friend,
How are you?
Everything is good here at Twinkle Farm.
I checked on you through the magical door...

... et j'ai vu que tu faisais un joli dessin.
Vas-tu le donner à ta Maman?

...and I saw you drew a beautiful drawing.
Are you going to give it to your mummy?

Mon amie April Alpaca crée de tres beau cadeaux faits maison à partir de sa propre laine.
Je te raconte tout.

My friend April Alpaca creates amazing home-made presents from her own wool.
Let me tell you all about her.

Sa laine est rose pâle, et douce comme un nuage. Elle la récolte avec un peigne et en fait des pelotes.

Her wool is light pink and soft like a cloud. She collects it with a comb and rolls it into balls.

Puis elle fait rouler la laine entre ses sabots pour créer un fil de laine.

Then she rolls the wool between her hooves to create a wool string.

Enfin, elle teint la laine avec de jolies couleurs et tricote des vêtements magnifiques.

Finally she dyes the wool with pretty colors and knits amazing clothes.

Elle crée
toutes sortes
d'accessoires.

She creates
all sorts of
accessories.

Écharpes
Scarves

Bonnets
Beanies

Jambières
Leggings

Chausettes
Socks

Moufles   Mittens

Sacs à main
Hand bags

Couvre oeufs
Egg warmers

Ponchos   Ponchos

Couvre théières
Teapot covers

Elle les porte magnifiquement. Elle a un tel sens du style!

She wears them all beautifully. She has such a sense of style!

April prend aussi soin de ses amis. Quand l'automne est venu, elle s'est installée sous son arbre préféré et s'est mise à tricoter des cadeaux pour nous tous.

April also cares for her friends. When autumn came, she sat under her favourite tree and started to knit presents for us all.

Et quand l'hiver est venu, nous nous sommes réunis chez April pour recevoir nos cadeaux.

And when winter came, we gathered at April's house to receive our presents.

Bouba et Boubette ont eu des manteaux en laine pour qu'ils aient bien chaud pendant l'hiver.

Bouba and Boubette got two woolly coats so they could be nice and warm for winter.

Donny et moi avons eu une selle en laine pour qu'il puisse m'emmener faire de longues promenades dans la neige.

Donny and I got a woolly saddle, so he could take me on long walks in the snow.

Ernest a eu un grand poncho en laine bien douillet.

Ernest Elephant got a big comfy woolly poncho.

Matty Monkey a eu trois balles à jongler en laine.

Matty Monkey got three woolly juggling balls.

Paquita Possum a eu une ceinture à outils de jardin en laine.

Paquita Possum got a woolly garden tool belt.

Gloria Goat a eu un coussin en laine confortable pour décorer sa nouvelle maison.

Gloria Goat got a comfy woolly cushion to decorate her new house.

April dit toujours: partager, c'est aimer. Quand elle fait quelque chose pour nous, elle y met tout son coeur, et on peut tous le resentir.

April always says: sharing is caring. When she makes something for us, she puts all her heart into it and we can all feel it.

Et pour la petite Charlie Chick, la gentillesse d'April lui a sauvé la vie.

And for little Charlie Chick, April's kindness was a life saver.

Tu sais ma chère, quand Charlie a perdu sa maman, elle s'est sentie seule; elle avait froid et avait peur.

You see, my friend, when Charlie lost her mummy, she felt alone, cold and scared.

Alors April lui a fait une toute petite veste en laine,

So April made her a tiny woolly jacket,

une toute petite poupée en laine

a tiny woolly doll,

et un tout petit lit en laine.

and a tiny woolly bed.

Et elle a laissé Charlie dormir dans son lit tout l'hiver pour qu'elle ne se sente pas seule.

And she let Charlie sleep in her bed all winter so she wouldn't feel alone.

C'étaient peut-être de tout petit cadeaux, mais pour Charlie, ils ont compté énormément. A ce jour, elles sont meilleures amies.

They may have been tiny gifts, but to Charlie they meant the world!
To this day, they are best friends!

Etre gentils les uns envers les autres, c'est comme être assis près du feu en hiver: il fait froid dehors, mais on a chaud à l'intérieur.

Being kind to each other is like sitting by the fire in winter: it's cold outside, but you're warm inside.

Voilà pourquoi April est si merveilleuse: elle sait que pour quelqu'un en détresse, un geste gentil peut l'aider énormement.

That's why April is so wonderful, she knows that to someone in distress, a kind gesture can mean the world.

Et toi ma chère?
Connais-tu quelqu'un qui aimerait recevoir tes dessins?

Ton ami Bubble qui t'aime.
XXX

And what about you my friend?
Do you know someone who would like to receive your drawings?

Your friend Bubble who loves you. XXX

To knit

Tricoter

Wool

Laine

Socks

Chaussettes

Mittens

Moufles

Beanie

Bonnet

Scarf

Echarpe

Poncho

Poncho

Hand Bag

Sac à main

Boiled Egg

Œufs à la coque

Tea Pot

Théière

Leggings

Jambières

Cushion

Coussin

Together

Ensemble

Kindness

Gentillesse

Best Friends

Meilleures amies

Love

Amour

Spring
Printemps

Warm
Chaud

Cold
Froid

Plush Toy
Peluche

Summer
Été

Garden Tools
Outils de Jardin

To Share
Partager

Juggling Balls
Balles à jongler

Autumn
Automne

Squirrel
Écureuil

Coloured Pencils
Crayons de couleur

Drawing
Dessin

Winter
Hiver

Snow Ball
Boule de Neige

Night
Nuit

To Sleep
Dormir

Bubble Cat

Matty Monkey

Charlie Chick

April Alpaca

Bouba &
Boubette Dog

Paquita Possum

Donny Donkey

Gloria Goat

Ernest Elephant